Votre carnet de gratitude

Préparé pour vous par

MÉLANIE DE COSTER

Du même auteur

Le Secret du vent
De l'autre côté des mondes

© 2017, De Coster, Mélanie
Edition : Books on Demand,
12/14 Rond-Point
Impression : BoD - Allemagne
ISBN : 9782322081
Dépôt légal : Août 2017

Voici votre carnet de gratitude

C'est l'endroit où vous prendrez note de tous ces petits moments magiques de la vie, pour apprendre à en profiter et pour ne plus jamais les oublier.

Remplissez-le au fil de votre inspiration, sans vous préoccuper de noter de dates ou de respecter un ordre quelconque.

C'EST VOTRE CARNET !

LA BEAUTÉ SE REGARDE

Soyez reconnaissant pour ce que vous voyez !

L'amour pour toutes les créatures vivantes est le plus noble attribut de l'homme.

CHARLES DARWIN

Aujourd'hui, j'ai aimé

Les animaux mignons que j'ai vus

Du moment que l'on fait attention
à n'importe quelle chose,
même une feuille d'herbe,
cela devient un monde mystérieux,
terrible, indescriptiblement
magnifique en soi.

BAHA'U'LLAH

Aujourd'hui, j'ai aimé

Les beaux paysages que j'ai vus

Non ce que nous avons, mais ce que nous apprécions, constitue notre abondance.

PROVERBE SUÉDOIS

Aujourd'hui, j'ai aimé

Les jolis décors que j'ai vus

LA BEAUTÉ EST DE BON GOÛT

Soyez reconnaissant pour ce que vous mangez !

Aujourd'hui, j'ai aimé

Les desserts que j'ai goûtés

Aujourd'hui, j'ai aimé

Les repas de fête que j'ai goûtés

Aujourd'hui, j'ai aimé

Les boissons qui m'ont réchauffé le cœur

Aujourd'hui, j'ai aimé

Les repas partagés entre amis

LES GENS AUTOUR DE VOUS

Soyez reconnaissant pour ceux que vous rencontrez !

Aujourd'hui, j'ai aimé

Les fous rires partagés

Quand vous vous levez le matin, remerciez pour la lumière matinale. Remerciez pour votre vie et votre force. Remerciez pour la nourriture et pour la joie de vivre. Et si vous ne voyez aucune raison de remercier, soyez assuré que la faute vient de vous.

TECUMSEH, CHEF DES INDIENS SHAWNEE

Aujourd'hui, j'ai aimé

Les moments de complicité

Aujourd'hui, j'ai aimé

Ces moments de tendresse

Aujourd'hui, j'ai aimé

Les enfants que j'ai croisés

L'ART EMBELLIT LA VIE

Soyez reconnaissant pour ce qui est créé !

Aujourd'hui, j'ai aimé

Les musiques qui m'ont donné envie de danser

L'importance de la gratitude tient à sa capacité d'enrichir la vie humaine. Elle élève l'esprit, donne de l'énergie, inspire, transforme. Elle procure du sens en mettant l'existence en valeur comme un présent dans son écrin. Sans elle, la vie peut être solitaire, déprimante, appauvrie.
La gratitude est la clé du bonheur.

BEN STEIN

Aujourd'hui, j'ai aimé

Les films qui m'ont fait rêver

La vie réelle ne sera pas toujours parfaite ou pas toujours de votre côté, mais reconnaître sans cesse ce qui fonctionne dans notre vie peut nous aider, non seulement à survivre, mais à surmonter nos difficultés.

NEALE DONALD WALSCH

Aujourd'hui, j'ai aimé

Les livres qui m'ont fait aimer la vie

Soyez reconnaissants pour
LA VIE

www.melaniedecoster.com